LES AVENTURES DE CORALIE LA COCCINELLE

Le voyage dans l'espace

Écrit par Céleste Kurcz

푸

푸

쥬

À mes parents et mon mari,
merci pour votre amour et votre soutien inconditionnels.
Je n'aurais pas pu réaliser mes rêves sans vous.

À Coralie, la personne qui m'appelle maman,
j'ai hâte de voir quelles aventures t'attendent.

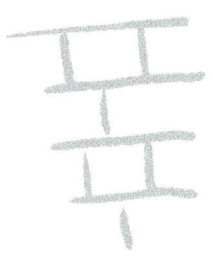

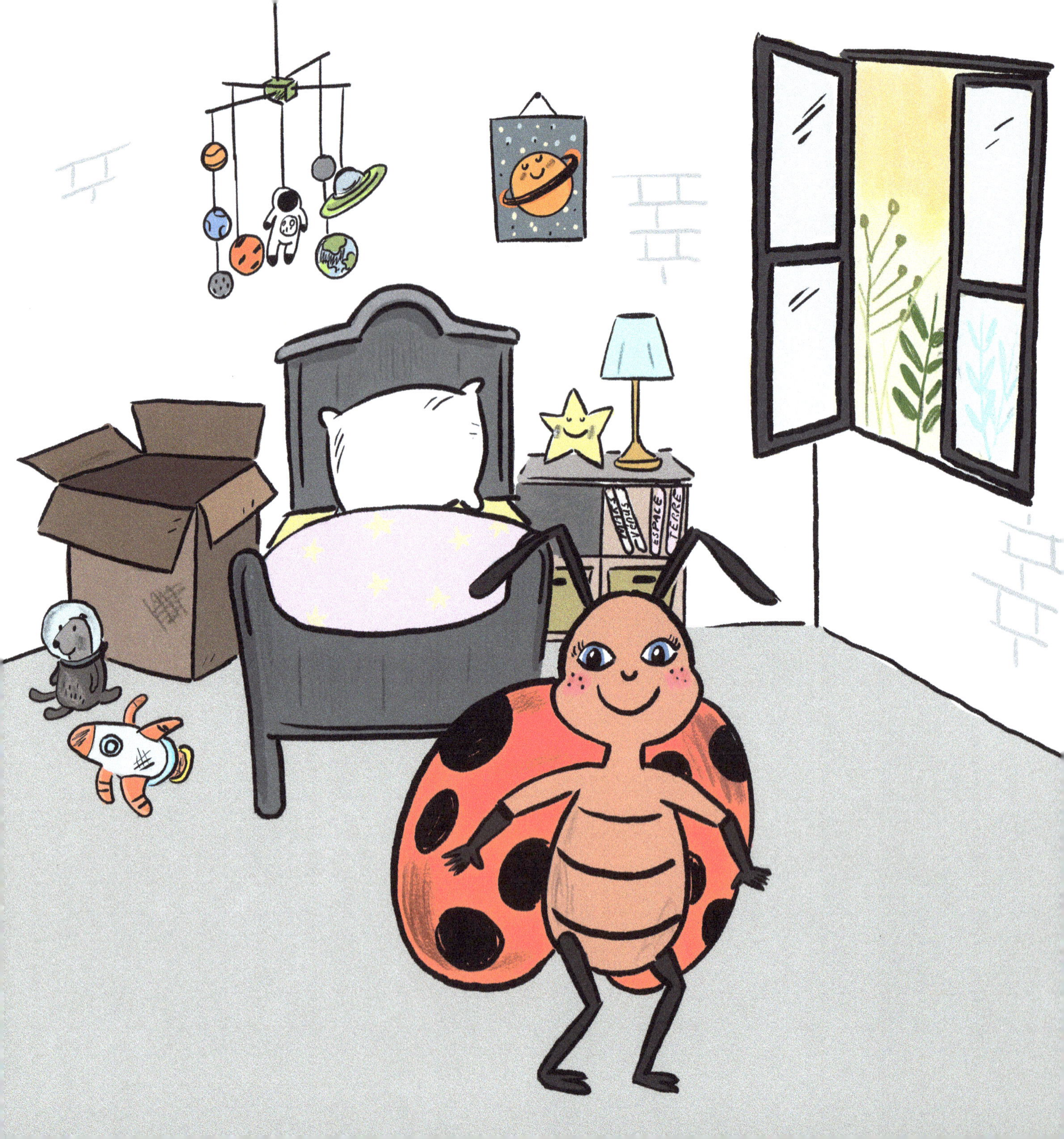
ESPACE
TERRE

BONJOUR, JE M'APPELLE CORALIE.
Je suis **PETITE**, mais j'ai une imagination
ÉNORME.
J'adore aller sur des aventures.
Est-ce que vous voulez me joindre?
Aujourd'hui, nous irons
dans l'espace !

Pour nous y rendre,
il faut compter à rebours de **10** à **0**.
Est-ce que vous êtes prêts ?

ON Y VA !

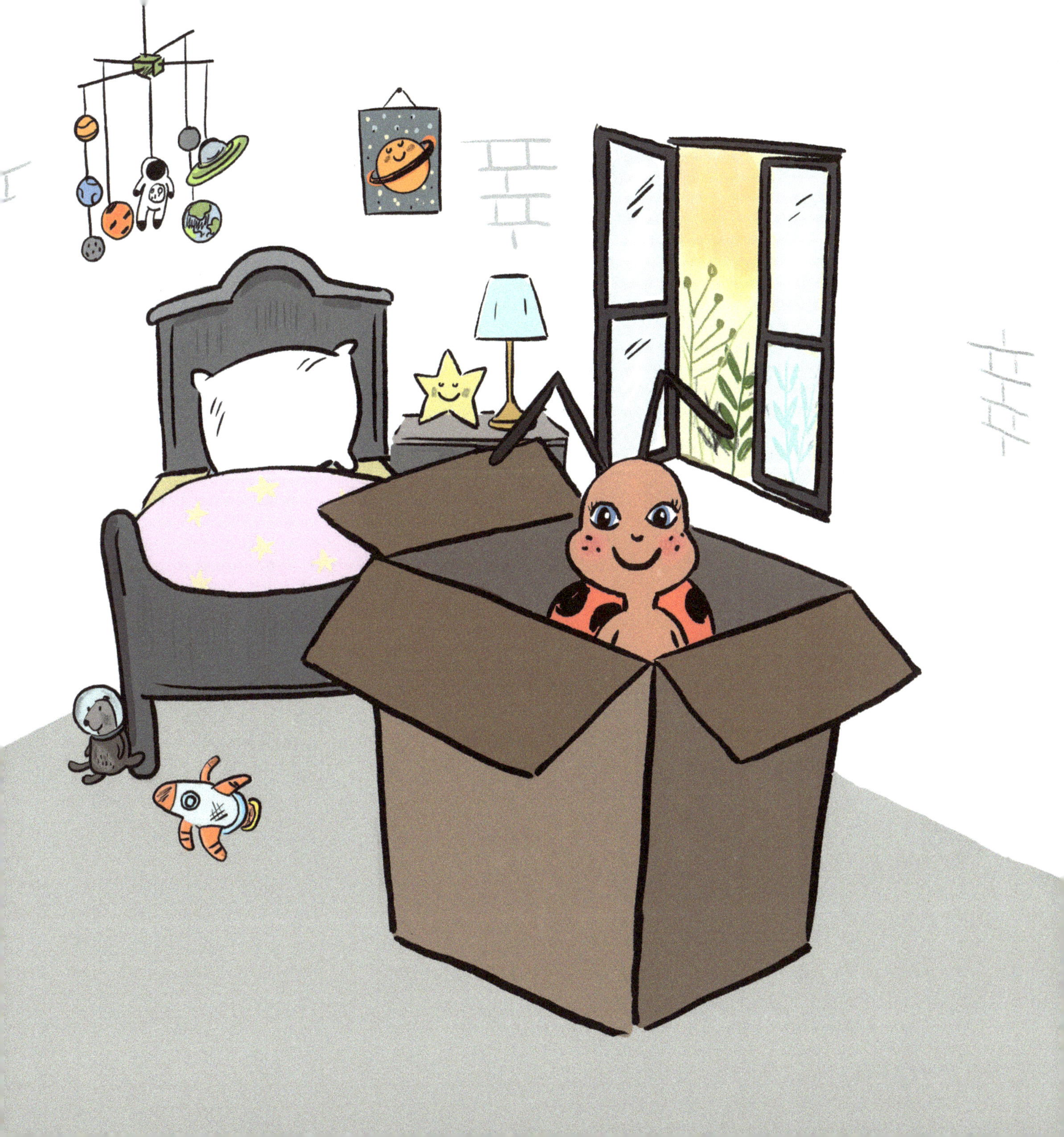

10, 9, 8, 7,

6, 5, 4,

3.

2.

1...

ZÉRO

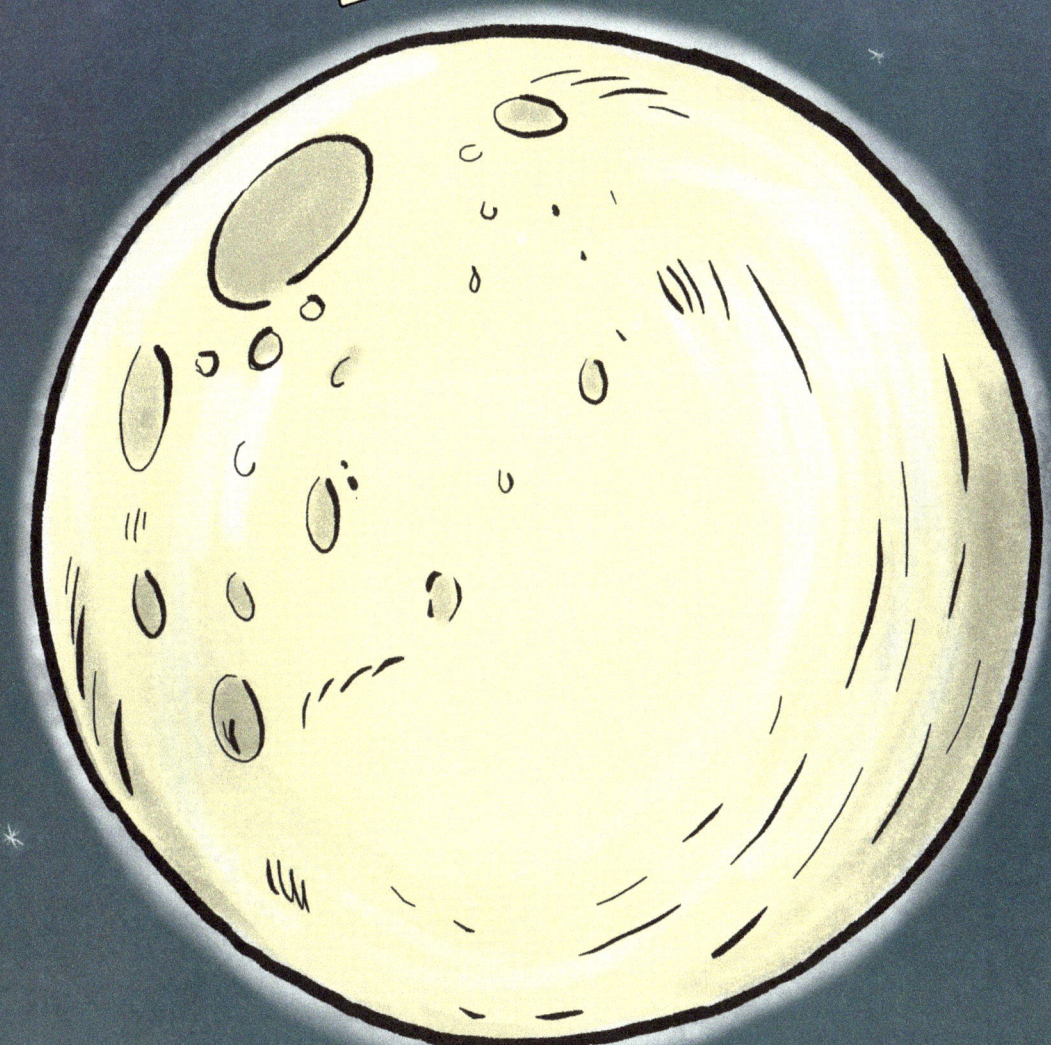

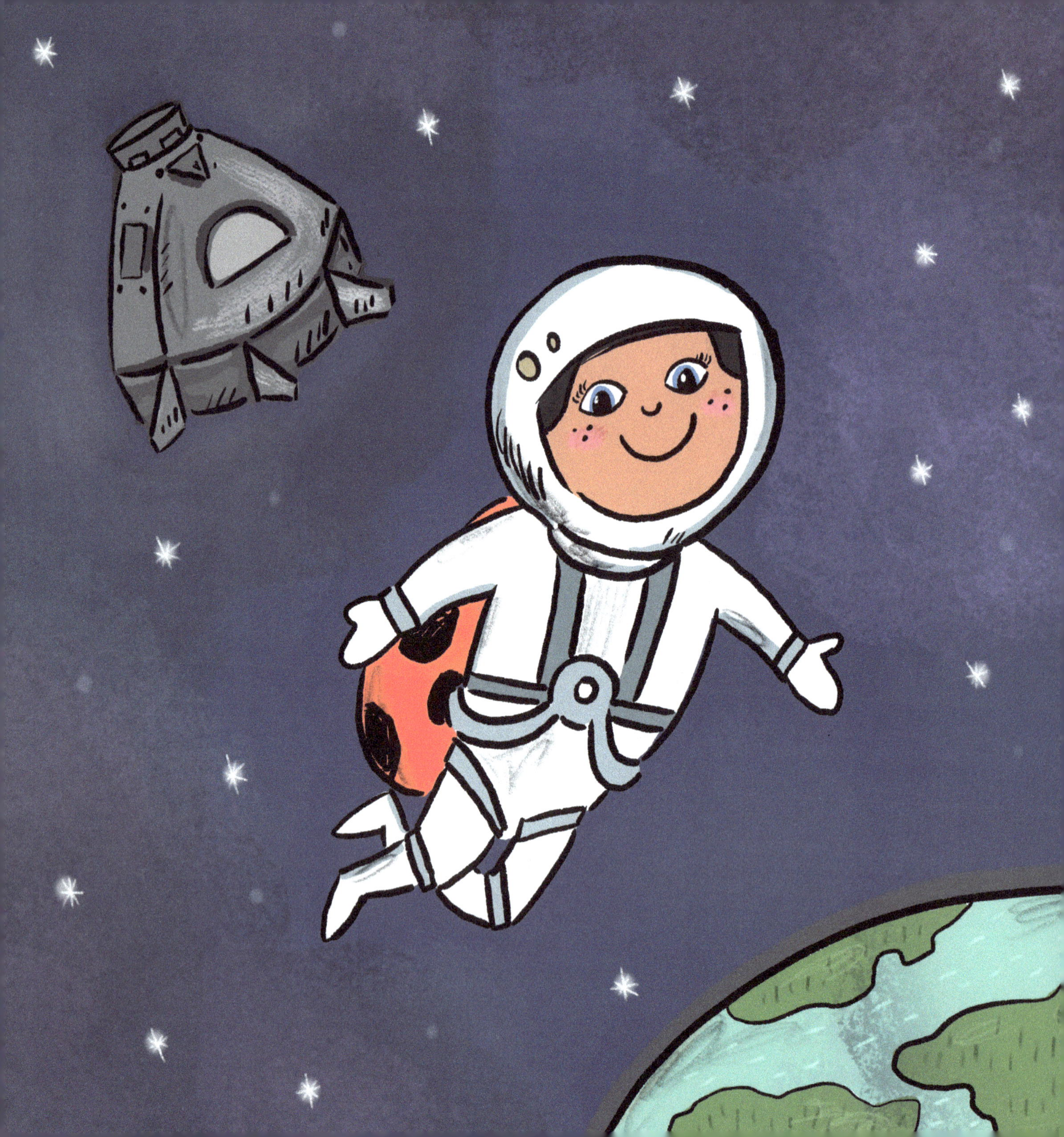

BIENVENUE DANS L'ESPACE !

COUCOU !

Regardez là-bas !
C'est notre premier arrêt,

LA LUNE !

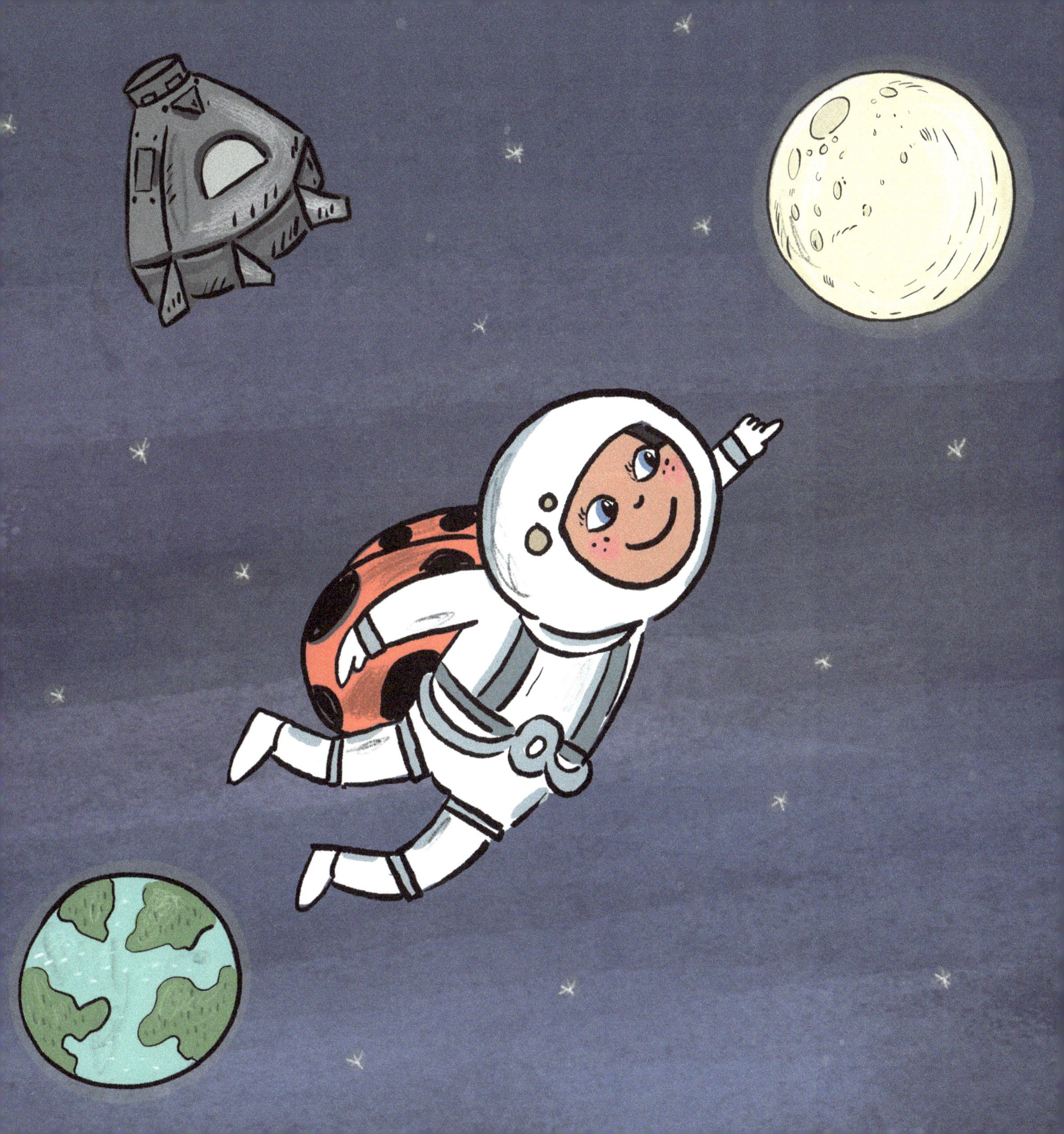

SAVEZ-VOUS QUE LA LUNE A DES PHASES ?

½   1   ½

Ceci veut dire qu'elle change.
LES SAISONS, LA TEMPÉRATURE
et **LES HUMAINS** changent aussi !

Pouvez-vous penser à d'autres exemples de choses qui ont des phases ?

Notre deuxième arrêt
est **LE SOLEIL.**
Pour y arriver, il faut compter
par **2** jusqu'à **10.**

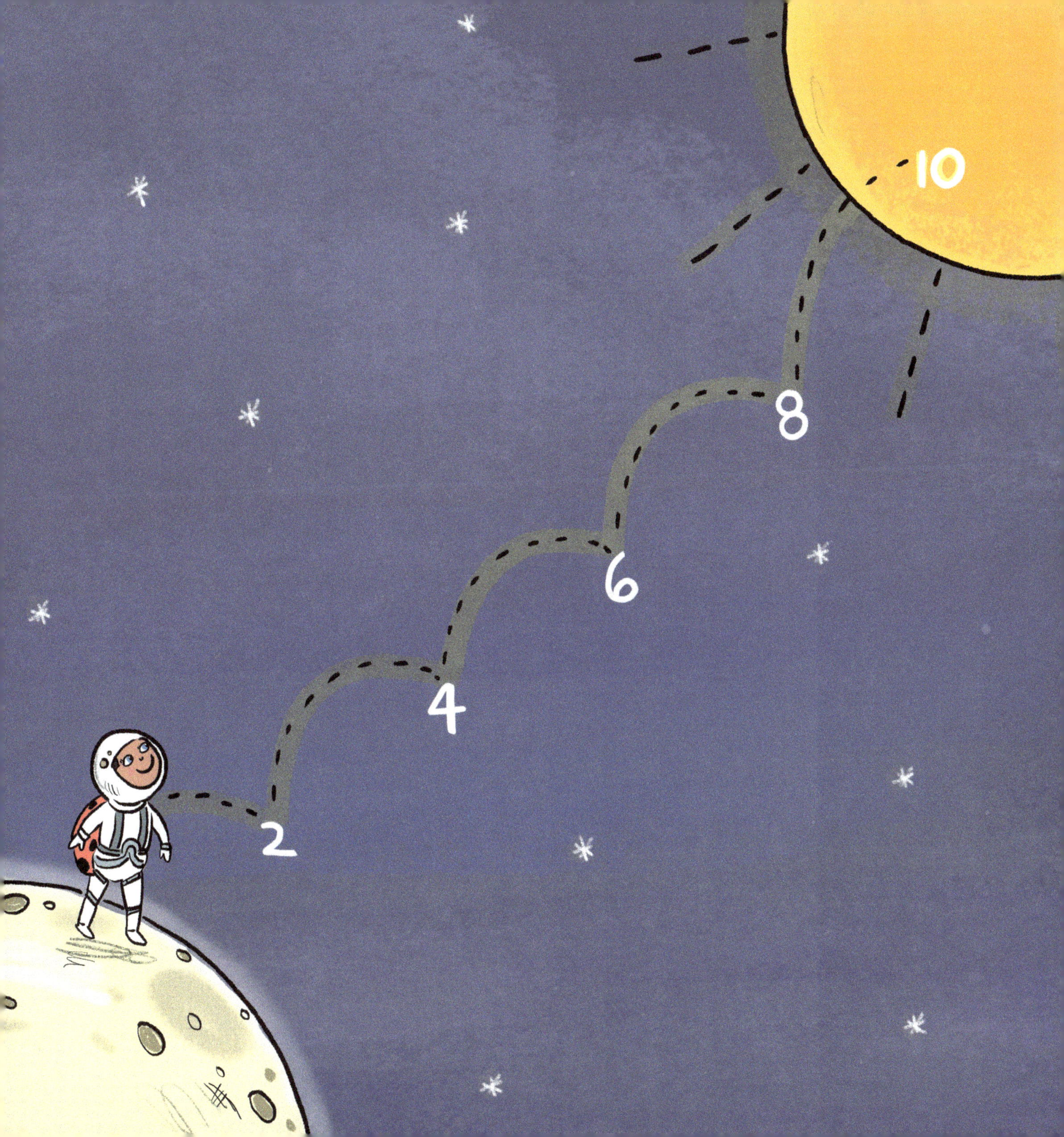
2
4
6
8
10

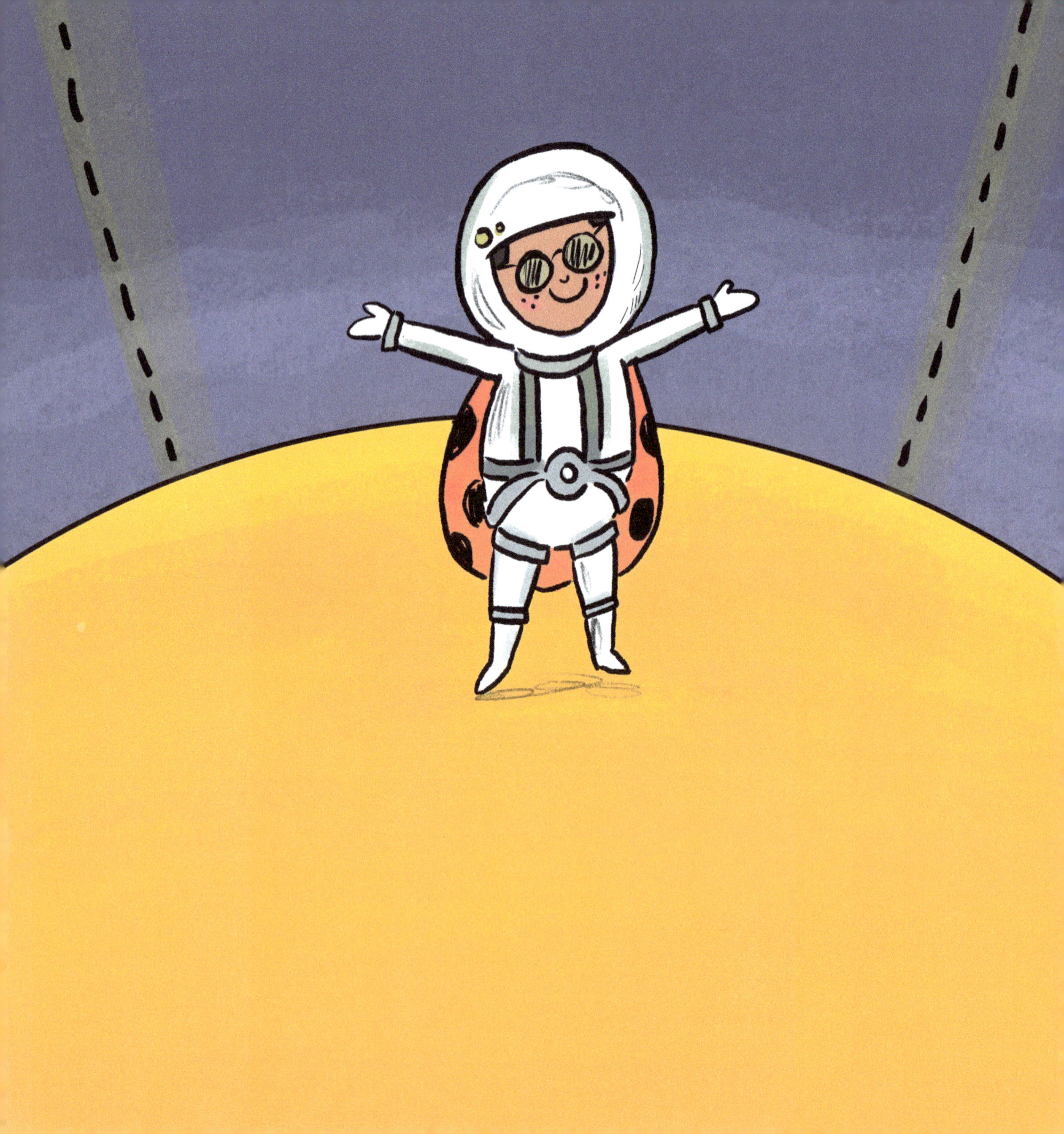

FANTASTIQUE !

Nous sommes arrivés !
LE SOLEIL est une étoile

GIGANTESQUE !

Il chauffe notre planète
et nous pouvons le voir
pendant la journée.

Saviez-vous que
sur **LA PLANÈTE TERRE,**
LE SOLEIL et **LA LUNE**
semblent avoir la même taille ?
Mais en fait, **LE SOLEIL** est

400 FOIS PLUS GROS

que **LA LUNE.** Ils semblent être la
même taille parce que **LE SOLEIL** est
plus loin de **LA TERRE** que **LA LUNE.**

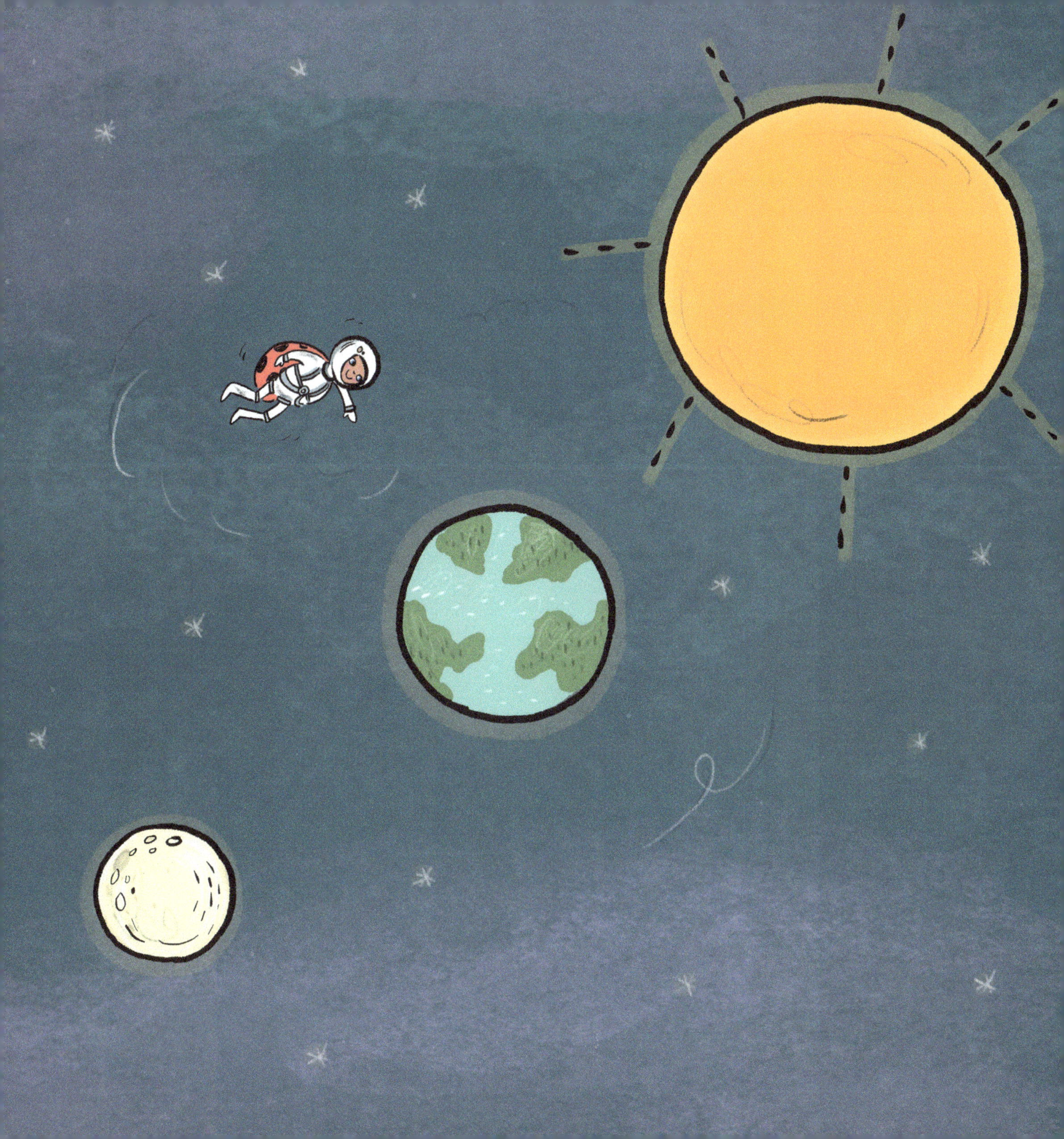

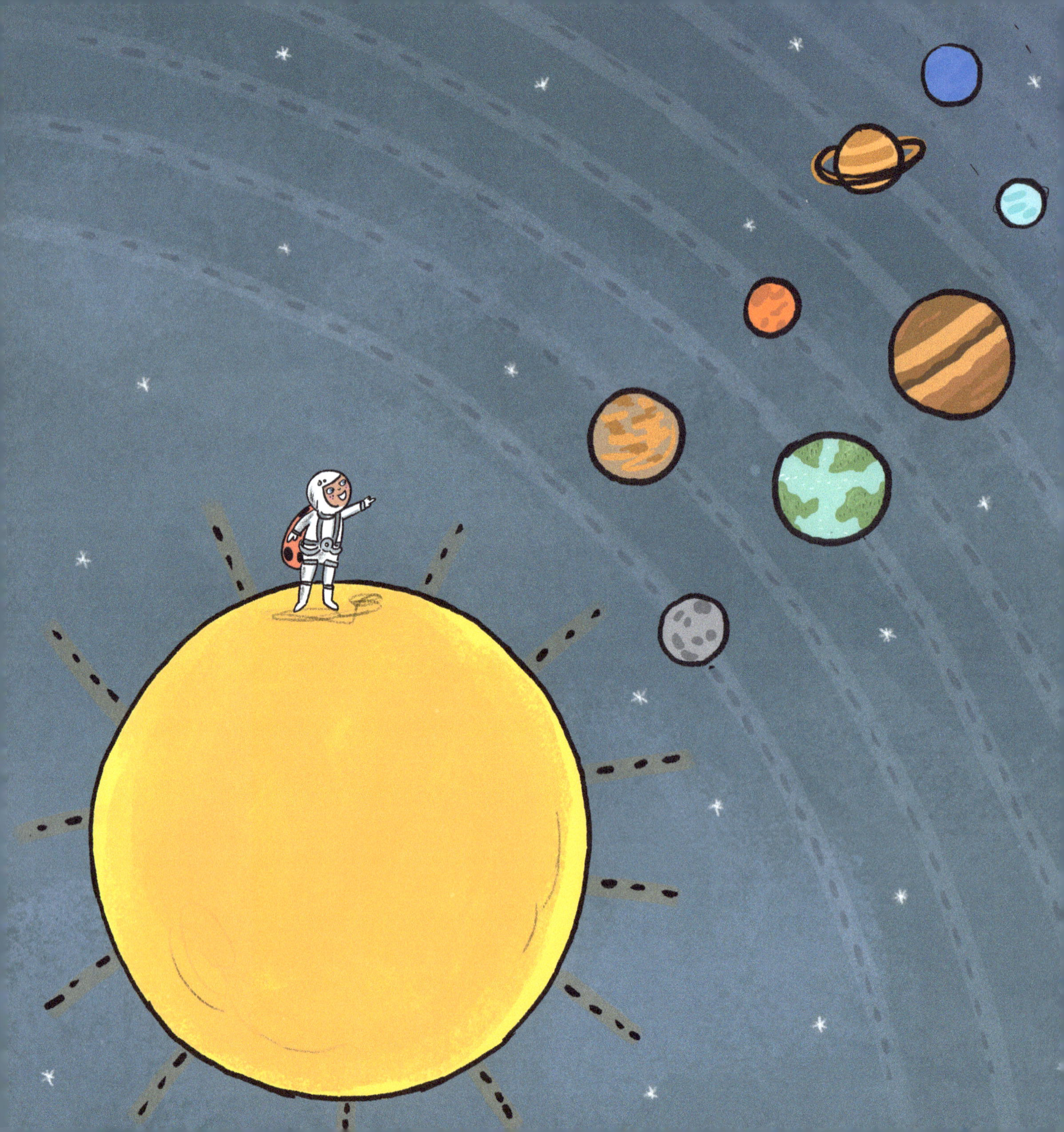

C'EST QUOI ÇA, AU LOIN ?

Il y a plusieurs sphères de tailles et de couleurs variées. Ça doit être **LE SYSTÈME SOLAIRE !** Pour nous rendre à notre dernier arrêt, il faut trouver quelque chose de **PETIT** et quelque chose de

GRAND.

Pouvez-vous trouver quelque chose ?

Vous êtes géniaux !
Nous sommes arrivés au dernier arrêt de la journée, **LE SYSTÈME SOLAIRE.** **LES PLANÈTES** sont en ordre de leur distance du **SOLEIL.** Pouvez-vous les mettre en ordre du plus **GRAND** au plus **PETIT** ?

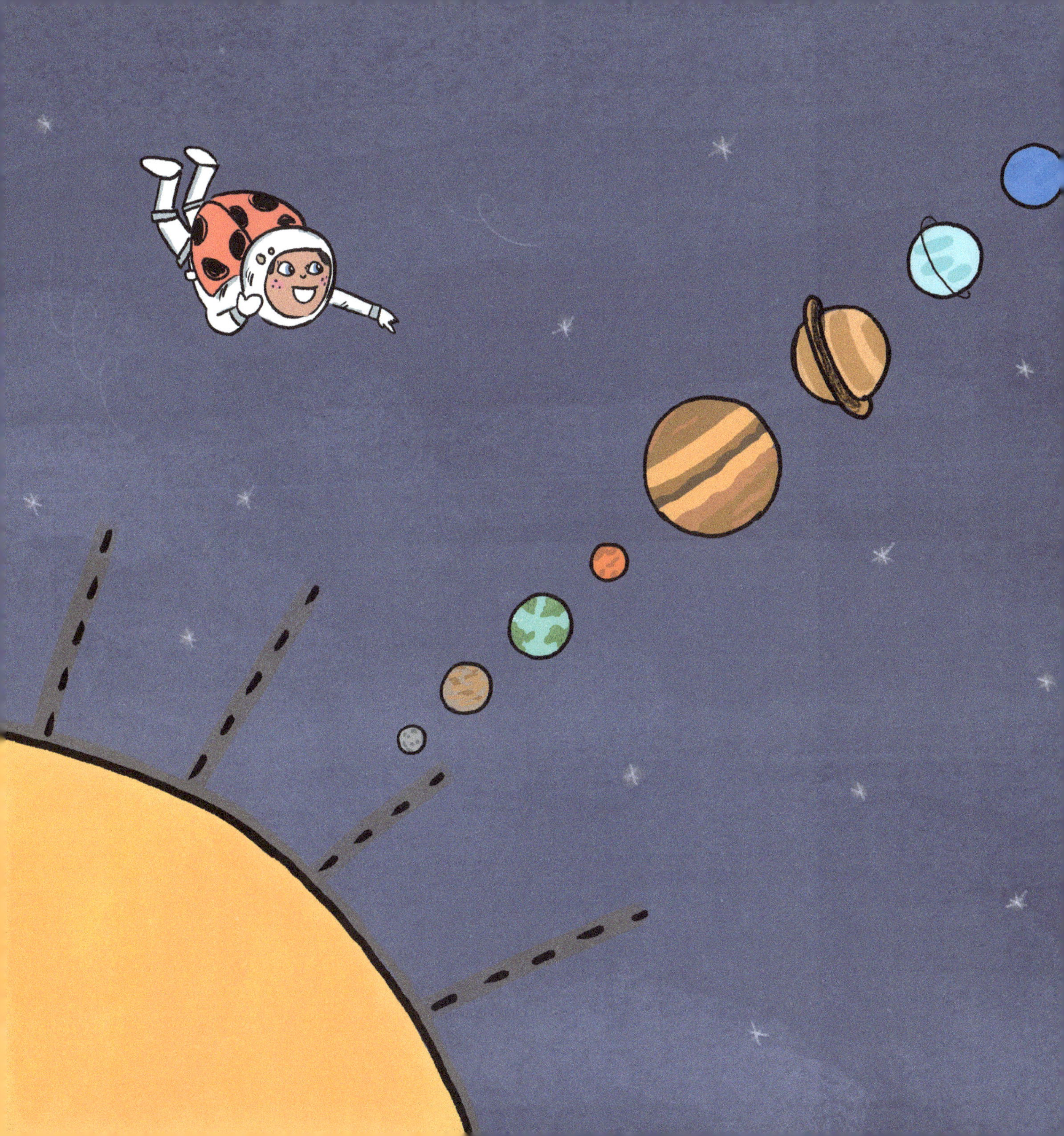

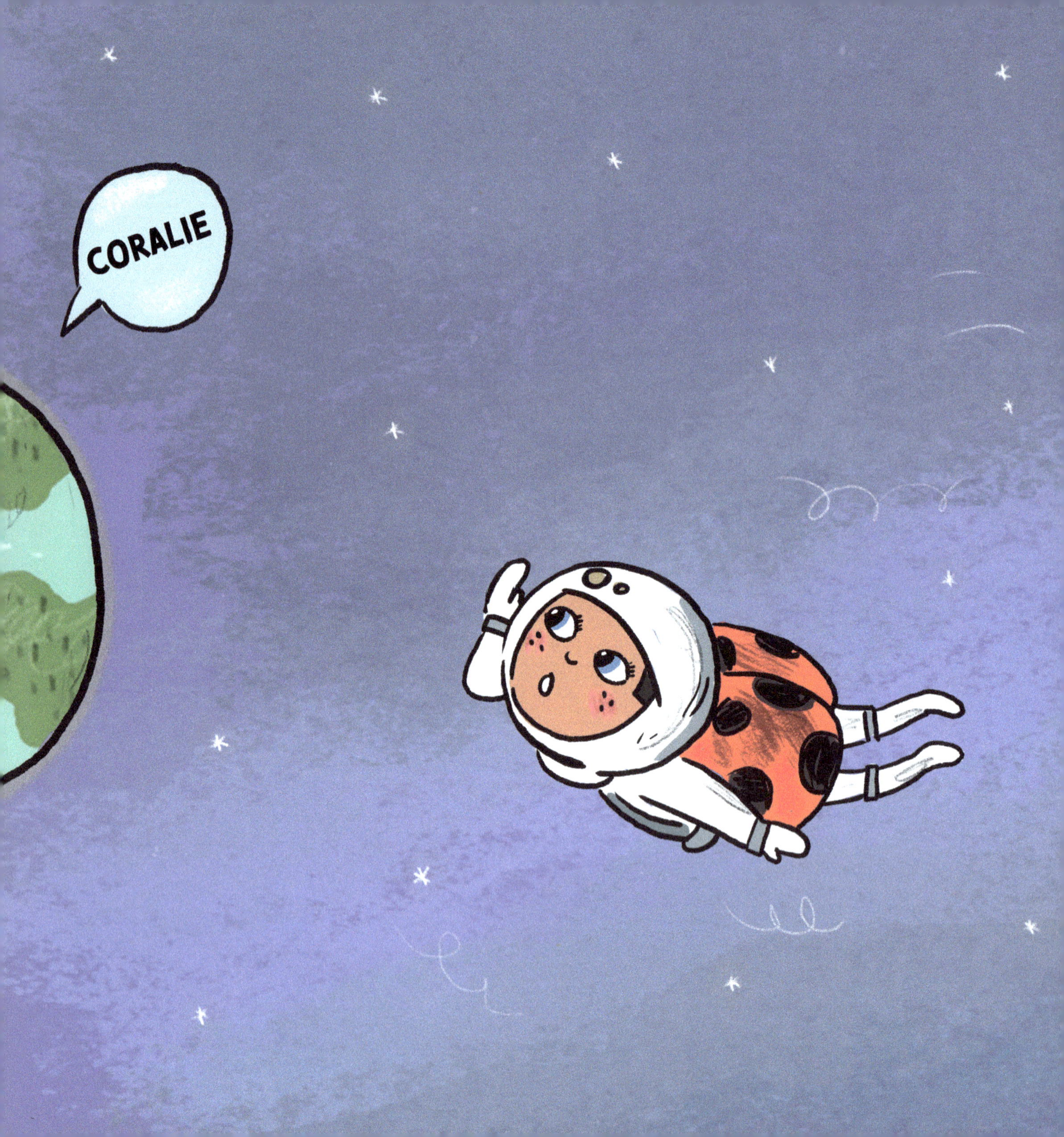
CORALIE

Mes petits astronautes,
entendez-vous ce bruit ?

Je pense que c'est
ma maman !

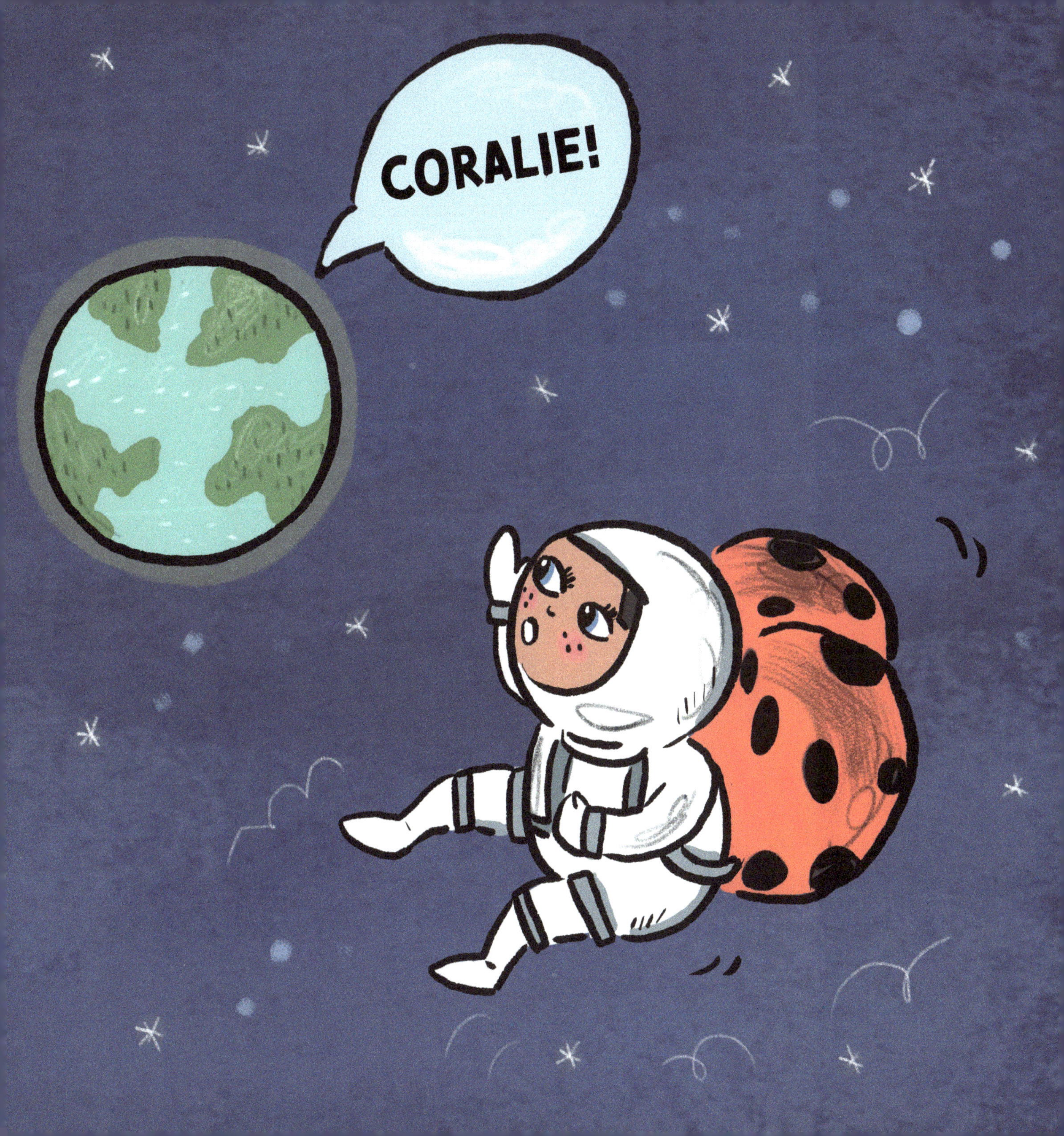
CORALIE!

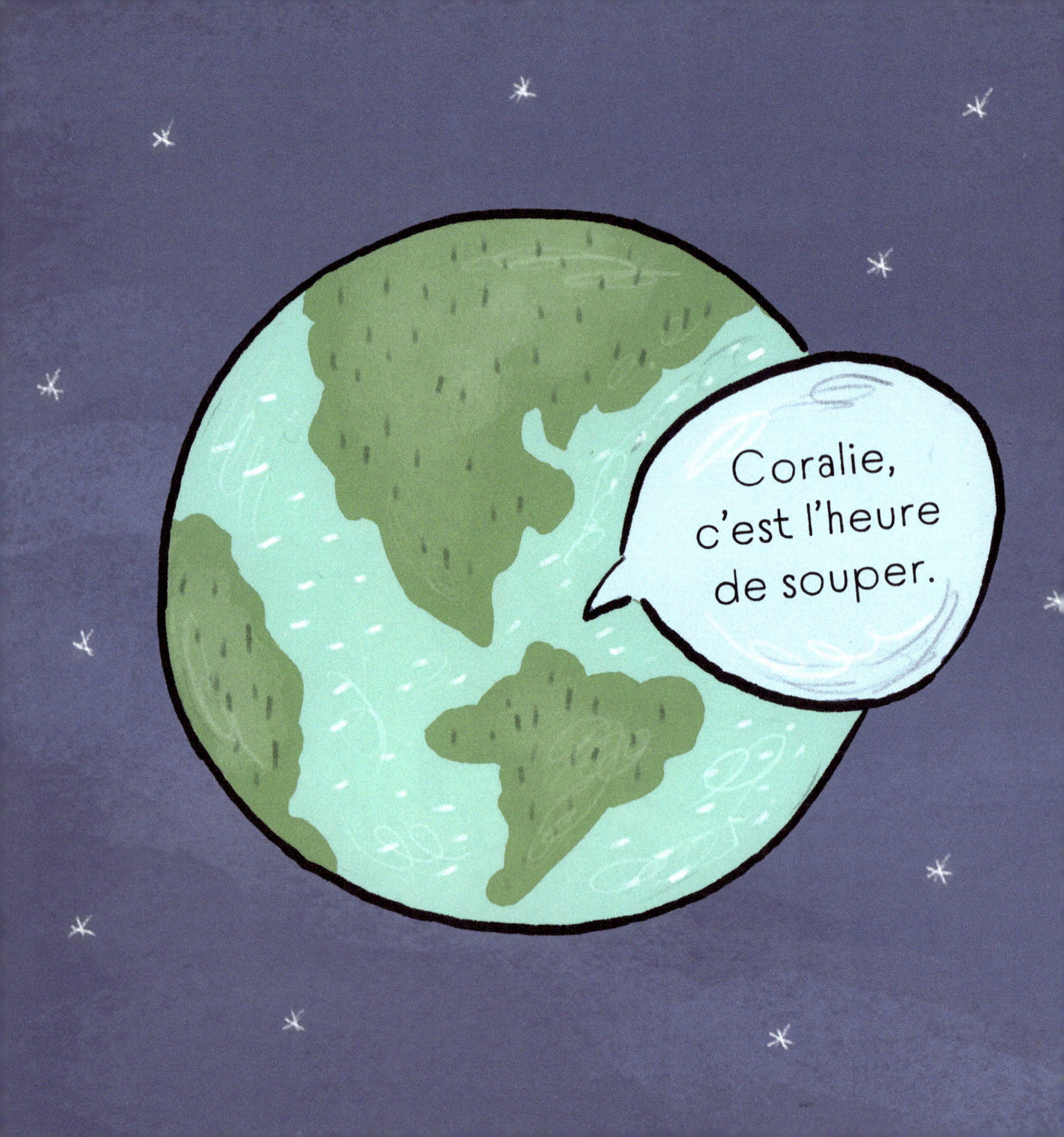
Coralie, c'est l'heure de souper.

DÉPÊCHE-TOI !
NOUS T'ATTENDONS !

J'avais raison !
C'était ma maman.
J'ai besoin de m'en aller.
C'est déjà la fin de notre
aventure ensemble.
À bientôt, mes petits aventuriers.
À LA PROCHAINE FOIS !

À PROPOS DE L'AUTEUR

Céleste Kurcz est une fière épouse, mère et enseignante franco-ontarienne. Elle est née et a grandi à Tecumseh, en Ontario. Dès un jeune âge, Céleste avait une grande imagination et elle adorait lire. Aujourd'hui, elle partage cette passion avec de nouvelles générations.

Céleste est une enseignante au niveau primaire depuis douze ans et elle a passé la moitié de sa carrière à enseigner la maternelle à des élèves en immersion. **LES AVENTURES DE CORALIE LA COCCINELLE : LE VOYAGE DANS L'ESPACE** est son premier livre.

Pendant son temps libre, Céleste adore voyager et partir à l'aventure avec sa famille. Elle vit à Windsor avec son mari et sa fille, **CORALIE.**

◆ FriesenPress

One Printers Way
Altona, MB R0G 0B0
Canada

www.friesenpress.com

Copyright © 2021 by Céleste Kurcz
First Edition — 2021

All rights reserved.

No part of this publication may be reproduced in any form, or by any means, electronic or mechanical, including photocopying, recording, or any information browsing, storage, or retrieval system, without permission in writing from FriesenPress.

ISBN
978-1-03-910919-3 (Hardcover)
978-1-03-910918-6 (Paperback)
978-1-03-910920-9 (eBook)

1. JUVENILE NONFICTION, SCIENCE & NATURE, ANATOMY & PHYSIOLOGY

Distributed to the trade by The Ingram Book Company

CPSIA information can be obtained
at www.ICGtesting.com
Printed in the USA
BVHW021334211121
622063BV00003B/57

9 781039 109186